JN410765

허공에 투망하다

부정일
1954년 제주 출생.
방송대 졸업.
2014년 《시인정신》으로 등단.
현재 한라산문학동인.
메밀촌장, 독채민박 폭낭아래돌집 운영.
H. 010-3699-1946
E. ozoza2004@hanmail.net

허공에 투망하다

2017년 10월 4일 초판 1쇄 펴냄

지은이 부정일
펴낸이 김영훈
편집 김지희
디자인 나무늘보
펴낸곳 도서출판 한그루
출판등록 제651-2008-000003호
63256 제주도 제주시 천수동로2길 23
전화 064 723 7580 전송 064 753 7580
전자우편 onetreebook@daum.net 누리방 onetreebook.com

ISBN 978-89-94474-49-6

이 도서의 국립중앙도서관 출판예정도서목록(CIP)은 서지정보유통지원시스템 홈페이지(http://seoji.nl.go.kr)와 국가자료공동목록시스템(http://www.nl.go.kr/kolisnet)에서 이용하실 수 있습니다. (CIP제어번호: CIP2017024633)

이 책은 제주문화예술재단의 지원을 받아 제작되었습니다.

값 10,000원

허공에 투망하다

부정일

금강 초롱꽃

부정일

차마, 못 쓰겠네
허우대 멀쩡하다고
나보고 글로 써보라 하니 찔려서 못 쓰겠네

토란잎에 구르는 방울 같은 걸
진흙이 쏘아올린 연꽃 같은 걸
아무도 가닿지 않은 산골짝
금간 바위
한 방울씩 떨어지는
수정 같은 걸

욕망과 집착, 다 비우지 못한
때 묻은 마음으로 어찌 쓰겠니
석 삼년 돈내코 시린 물에
담궜다가
서너번 패대기치면 행여 모를까

나보고 쓰라 하니, 하늘이 보고 있잖니
눈 감아 야옹하고 어찌 쓰겠니
차마, 못 쓰겠네

폐목

부정일

빈 드럼통에 양철 연통을 세워
몇 년 공사판 떠돌다
한구석에 처박혀 걸레가 되어버린
폐목을 태우리라

이 엄동설한
땀에 찌든 폐목이 하늘을 달구리라

나무로 태어나 숲이었다가
누구 집 서까래로도 못가고
공사판 받침목으로 전전하던 그가
실직한 육신 공양으로
지친 노무의 언손 녹이리라

타리라
흰 눈이 내릴때 목탁소리 내면서
따뜻한 온기는 하늘로 보내고
마지막 한줌 재가 되도록 타리라

다비를 끝낸 하얀 재속에
아픈 상처 다 비우지 못해
구부러진 못 몇 개
사리처럼 남아 있으리라

존디여 보당

부정일

ᄌᆞᄆᆞ라 갈때 ᄇᆞᄅᆞᆷ은 족 자부난
물운 요나마나 허고
밤 지펴도 더위는 ᄋᆞᆷ짝도 안 허고
아맹해도 에어컨은 사십직 헌디
사보젠 허난 ᄒᆞᆫ 스무날 넘도록
ᄎᆞᆷ우멍 더위 먹은게 억울 허고
집사ᄅᆞᆷ은 이녁도 더우난
ᄆᆞ심양 허랜 햄주마는
올해랑 어떵어떵 존디여 보당
맹년에나 사보젠 허는디
ᄌᆞᆷ자당도 두령청 허게 깨나저불고
ᄆᆞᆷ은 ᄀᆞ마바도 물 치데길 때만
ᄒᆞ쏠 싸낙룽 허고
아닌게 아니라 ᄒᆞ루가 훤헌게
영해도 언치낙은 ᄉᆞ망사 이러신디
밤새낭 비완게 마는 이제사
이 더위도 더사 몽키진 못 헐테주

이천칠년 가을에 적다 남초

시인의 말

시란 무엇인지 깊게 생각하지 못했네

다만
아름다운 단어들의 나열이 아닌
배배 꼬인 생각들의 열거가 아닌
겪은 이야기 같은
파문처럼 번져나가는 메시지가 들어 있는 글을 쓰고 싶었을 뿐
부끄러워 상기된 얼굴 고개 숙일 뿐

2017년 여름

부정일

차례

제1부

제2부

제3부

제 1 부

아내

멀리
개 짖는 소리
오시나 보다
무슨 말을 할까?

세상이 그러한데
기다리지나 말지
부연이 없는 여자
전화 걸면
쪽팔려 하는 여자
얄밉게 간 큰 여자
아내

침묵하는 개

자크라 이름 지었다
공연히 짖지 말고 침묵하라 했다
진돗개를 닮은 외모
흠이라면 더 그려버린 원, 꼬리가 탈원했다
동네 암캐가 죽친다, 대문을 열며
공연히 짖지 말고 침묵하라 했다
송아지만 한 아끼다 수캐 문밖을 서성이다, 간다
집 나서며 아내가 문고리 걸지 않았다
공연히 짖지 말고 침묵하라 했다

주군이 돌아오는 저녁 어둠이 깔리면
자동센서로 마당엔 불 밝혀 있다

자크가 피투성이로 침묵한다
절반의 죽음이 목전에 있다, 침묵한다
왜란처럼

유린은 백주에 이루어졌는데 침묵한다
동물병원이 전화를 받지 않고 침묵한다
꽃뱀처럼
암캐도 흔적도 없이 사라졌다, 침묵한다
정적마저 침묵한다
넋 나간 아내가 죽을 끓이며 침묵한다
침묵하라 해서
침묵한다

김밥이 바다로 간 까닭

1.5톤
작은 어선에서 갈치를 낚아 생활하는 y형
드라마처럼
서울에서 여행 온 한 중년 여인이 도항선 대합실에서
섬에서 섬으로 떠난 배를 바라보고 있었지요
고깃배라도 타고 갈래요, 한마디 던진 것뿐인데
김밥 한 줄 받아먹은 것뿐인데 수작이라니
육십 줄 사내가 인연을 낚은 것은 숙명이겠지요
초저녁 바다에 나가 아침에 돌아오는 y형
포구까지 따라온 여인을 뒤로한 채
그 긴 밤 포구만 바라보며 허공으로 던진
숱한 허방낚시, 제대로 되었겠습니까
y형,
꽃 같은 여인에게 반짝이는 은빛 갈치
한가득 보여주고 싶은데 잔챙이
몇 마리 잡아 속 많이 태우셨지요

여인이 시골집에서 김밥을 만들고 있습니다
늙은 나무에 꽃이 피네요
구릿빛 사내가
낚시의 사이사이 입에 넣은 행복만 생각하며
지나온 사연들 김밥 속으로 밀어 넣습니다
여인이 도시의 삶을 청산한 이유이며
김밥이 출렁이는 바다로 간 까닭입니다
깨 볶는 향기가
담장을 넘어 동네방네 퍼져 나갑니다.

고막

주변의 시선은 능변 때문이 아니다
할머니에게서 어머니에게로
바닷속을 오르내리며
해녀의 DNA로 두꺼워진 고막

이제 젊은 해녀는 없다
싸움엔 목소리가 커야 한다지만
파도와 같은 목소리는
호수 같은 나긋함에 무너져 버렸다

주름진 고막
달팽이관의 울림마저 굴절되어
서로의 목소리에 황당한 적이 몇 번이던가
티브이 볼륨을
한 눈금 줄이며
한 눈금의 핀잔을 듣는다

우리들의 이야기는 언제나 담을 넘어
나긋한 사랑을 모른다
세월이 얼마나 흐르고 흘러야 내 아이들이
부드러운 톤으로 사랑을 할까

당신은 죄가 없습니다

당신은 죄가 없습니다
모자를 깊숙이 눌러 쓴 자가 당신 옆을 서성거릴 때
빗나간 칼바람이 당신의 뺨을 때립니다
철창 안에는 봄이 없습니다
철창 밖에서 당신은 두부를 먹습니다
모자를 푹 눌러 쓴 자가 두부를 패대기칩니다

빗나간 칼바람이 한 구석에 처박혀야 봄입니다
홍매화 가지마다 붉은 피 낭자한
2월 끝자락입니다
모자를 깊숙이 눌러 쓴 자가 긴 칼로 꽃의 목을 칩니다
꽃들은 죄가 없습니다

살얼음 녹는 소리 긴 밤, 가는 길목에 홍등을 켰을 뿐
꽃들은 모자를 쓰지 않았습니다
모자를 눌러 쓴 자가 분명, 독사의 혀입니다
모자는 죄가 없습니다
모자는 당신처럼 모자를 쓰지 않았습니다

쏼라쏼라 성수기

골목 안이 시끄럽다
바오젠 바오젠로
찐 땅에 장화가 시끄럽다

차 없는 거리를 만들었더니
상점마다 쏼라쏼라, 조선족 알바도 쏼라쏼라
영세상인 귀에 걸린 입에선 연신
딸라 땡큐
위완화도 오케이다

하루걸러 공치던 비수기 때는
그렇게 경위 바르던 주인 양반도
우리 쏼람 가게 세 따블로 준다 해, 그 말에 눈 돌아가
차마 얼굴 바로 못 보고
대리인 내세워 가게를 빼 달라 한다
지루했던 토목공사 기간

을씨년스런 몇 년을 버티라고만 하더니
우리 쏼람 돈 많아 해
따따블에는 옆집 그 옆집도 대책이 없다

손에 손잡고 붉은 띠 두를 수밖에

아노네가 올 때는 늙은 놈이나 젊은 놈이나 기생집만 찾더니
찐 땅에 장화가 밀려오니
비가 오려나 비오젠 비오젠, 바오젠로

골목 안이 시끄럽다

폐목

빈 드럼통에 양철 연통 세워
몇 년을 공사판 떠돌다
한 구석에 처박혀 걸레가 되어버린
폐목을 태우리라

이 엄동설한
땀에 찌든 폐목이 하늘을 달구리라

나무로 태어나 숲이었다가
누구 집 서까래로도 못 가서
공사판 받침목으로 전전하던 그가
실직한 육신 공양으로
지친 노무의 언 손 녹이리라

타리라

흰 눈이 내릴 때 목탁 소리 내면서
따뜻한 온기는 하늘로 보내고
마지막 한 줌 재가 되도록 타리라

다비를 끝낸 하얀 재 속에는
아픈 상처 다 비우지 못해
구부러진 못 몇 개
사리처럼 남아 있으리라

상처

꽃만 바라보다
누나가 가시에 찔렸다 하네

장미는 가시에 찔린
그 아픔을 느끼지 못하네

막차가 떠난 후에야
잎에 가려진 가시를 보고 말았네

외로울 때 꽃이었고
힘들 때 쉼터였던 사실도

누나의 상처 앞에 금이 가네
어찌해야 하나

장미가 그 아픔 조금만 느꼈더라도
막차 떠나기 전 용서 빌었을 텐데

쉼터라고 했던 내가 돌아서야 하네
장미라고 했던 내가 돌아서야 하네

가야 할 새벽
꽃 한 송이 떨어지네

이순의 길목

딸아이와 아들을 아내가 키웠다, 나는 옆에 있었을 뿐
분명,
선생님이 부르면 내가 갔었는데 앨범 속에나 색 바랜 흔적 있을까
다 커버린 애들 빠르게 흘러가는 세월은 흔적들을 가두어 버렸다
망각 속에는 가족을 끔찍이 했던 사랑, 눈물, 희생
아내의 노력을 측은하게 바라보는 마음까지 들어있으리라
삼십을 넘긴 아이들
집착을 인정하지 않는 아내.
부모님 사별하여 우리끼리 살아왔듯 애들은 그들의 삶이 있을 터
왜 모르는지 술에 취해 비틀거리는 귀갓길
내일 아침 피하고픈 잔소리만 뇌리를 스친다
서른다섯 큰 애가 시집을 간다 우리 살아왔듯
딸애 역시 살아갈 것이다

부모님 생전 틈틈이 선물 들고 찾았듯 아들 또한 그럴 것이다
당신이여 그것이면 족하지 무얼 더 바라겠는가

정녕 모르겠는가
자식을 언제나 어리다고 보는 당신이여
동의하지 못하는 나의 생각은
이 밤 또 술에 취해
헤매게 될 것이다

거참

조금만 손 비비면 될 텐데
그걸 못 해
궁상맞게 산다
거참
빚쟁이가 멱살을 잡아야
허리가 꺾일 건가
덜 서러워
똥폼 잡으며 산다
오체투지는 못 해도
가을벼 이삭처럼
고개라도 숙여야

산다

산수국

바리 뫼
길섶
연보랏빛 사연

왕이 뫼
굼부리 돌아
하산 길
수줍어 몇 송이

화분에
심지 마라
고향 그리워 우는
산수국

뒤란

인조목 식탁 놓인 흡연 공간, 삼십 평을 야외 포차를 만들었어요 울타리에 붉은 소나무 차마 자를 수 없어 철제 파이프는 안쪽 선을 타야 했어요 비 오는 날 소나무 가지 끝 추락하던 물방울, 놈은 파이프에 텅~ 한 번 튕기고 사발팔방 폭죽을 쏘아대는 것이었어요 그렇다고 비란 님을 오지 말라고 막아서지는 못하는 것이었어요

비닐 천막 치고 눈비 칼바람 막을 땐 고민 끝인 줄 알았어요 꽃 진 후 봄인가 싶더니 여름은 송글송글 이마에서 콧등으로 미끄러지고 있었어요 거리엔 매연에 그을린 도로와 보도블록 깔린 인도, 에어컨 실외기만 뜨거운 열기를 토해내고 있었어요 지붕은 두더라도 빙 두른 치마는 알몸으로 벗겨야만 했어요 실바람에 댓잎은 살랑대고 손님은 목살구이에 열무국수 먹고 있네요 아뿔싸, 소나기라도 올라치면 튕기는 물방울 어찌 해야 하나요

밤안개처럼 어둠이 내려 담쟁이 덮인 돌담 보름달 같은 외등이 너와 나 사이 기웃거릴 때 레이스 찰스의 'What'd I say'는 영롱한 소주잔에서 파도처럼 쉼 없이 부서지고 있었어요 뒤란이 분명 밤하늘에 별이 될 것이라는 이야기는 믿어야 하나요

나도 하기 싫어라

반백 지나 세월은 급류로 흐르고
가진 거라곤 텅 빈 껍데기들
남은 시간 무언가 해야 할 것이다
당신은 돈 버는 일 하면 아니 됩니다
내가 당신보다 당신을 잘 아는데
떼인 돈 못 받고 숙일 줄 모르니 아니 된다고 하네
오십하고도 오 년을 넘겨 이혼도 불사하겠다며
저질러버린 가게는 안 된다는 이 당신이
가을 이삭처럼 숙여 삼 년을 견디었습니다,
아니 될지도 모릅니다, 그렇다고 손 놓았다면
두고두고 안 한 후회 어찌 감당하겠어요,
뜻대로 십 년만 하고자 했으니
무엇을 하든 그냥 놔두세요
내,
당신께 뭐라 안 하듯 나보다 나를 잘 아는 당신
속 끓이지 말고 그냥 놔두세요

베토벤의 운명 같은 언쟁, 잊을 만하면
그냥 놔두세요, 반복하는 그 말
나도 하기 싫어라

그대 어느 계단쯤에서

요람에서 무덤까지 계단이 놓여있다 치자
그대, 갈 길이 먼 양
어느 계단쯤에서 쉬고 있는지
스무 계단 옆길에 핀 꽃이 예뻐라
서른 계단 옆 골목에 주점도 많더라

꽃밭, 주막 다 들러 사십 계단 오르니
휘청, 약간은 숨이 차더라
뒤돌아보며 한 번쯤
앞에 간 자 뒷모습 보며
오십 계단 오르니 바람이 불더라

멀리

하얗게 출렁이는 억새 들녘 아스라이

그 너머 무엇이 있는지

어쩌면 붉은 노을 함께

그대,

그 너머에서 쉬고 있는지

담배

할아버지는 새끼줄에 녹색 담뱃잎을 엮어 그늘에서 갈색으로 말려놓으셨네 겨우내 피울 채비를 마쳐놓고 흐뭇하게 바라보시네 할아버지 담뱃대에선 연기가 모락모락 피어올라 자욱 구름을 만들고 있네 팔순 노인의 주름진 얼굴에 쏙 들어간 볼은 담뱃대를 빨고 산 흔적이네 쌈지담배 연기로 할아버지 방은 항상 냄새가 배어 있네 겨울에는 불씨인 화롯불이 솔향을 살짝 피우곤 하였네 할아버지는 팔십삼 세에 돌아가셨네 임종 시에도 할아버지 머리맡에는 피다 놓은 담뱃대가 스스로 연기를 가물가물 뿜어내고 있었네 누구도 할아버지의 흡연에 토를 달지 못하였네 할아버지와 아버지와 나의 고향 종달리는 염전마을이었네 할아버진 지게 등짐 지고 성안이며 서귀포 읍내까지 소금 팔아 아버지 형제와 고모 두 분을 키우셨네 그 시절 가로등도 없는 캄캄한 비포장 길 담뱃대 불붙이고 가셨던 길 되돌아 한걸음에 오곤 했네

사주

당신이여
삶에 얼마나 치열한가
벼랑 끝으로 밀지는 마소
손 가슴에 두고 말하건대
살아보려고 노력했다오
스치며 지나온 수많은 관계
어떤 날은 오해도 있는 법
삼재 운 낀 재수 없는 날
날벼락 맞을 수도 있는 일
어찌하겠는가
내 사주가 박복타 하여
아니 되옵니다 하니
어쩌라고
도끼에 발등 찍혀 피 흘린들
스스로 이루려는 몸부림인걸
그냥 놔두시게

술잔

오히려 세상사 힘들어
잊고 싶을 때
그가
술은 한 잔도 못 하는 그가
탑동 뒷골목 바람 부는 먹자거리
코마라는 술집으로 나를 데리고
간 것이었다

그가
나보다 몇 갑절 힘든 그가
가오리무침을 시켜놓고
내 빈 잔을 채워주고 있었다
한참 지나서야
묵묵히 자기 술잔에 물을 따라
부딪혀 주고 있음을 알 수 있었다

분명
그의 술잔엔
삼다수가 영롱하게 찰랑거리고
내 술잔엔
힘든 세상사 모두 무지갯빛으로
녹아내리고 있었다

철썩 철썩 탑동엔
파도가 안개로
쉼 없이 부서지고 있었다

막둥아, 물~

모깃불 타는 초저녁이다
마당엔 멍석이 깔려있고
멍석의 절반엔
아버지 독상이 차려져 있다
어머니와 형제들이
절반의 멍석에 둘러 앉아있고
양푼에 보리밥이 반쯤 담아져 있다

형님 누님들, 어머니가 준 숟가락으로
부지런히 삽질하고 있다
찬이라야 퍼런 얼갈이김치 하나
그나마 물외 냉국이 있어
양푼 밥은 박박 소리 내며 줄어들고
배는 기분 좋게 불러오고 있다

아버지의 밥상에는 찬이 남아있다
구운 각제기 토막에 계란말이
막둥이가 밥을 먹다가 양푼을 툭 치자
막둥아, 물~
막둥이가 물 사발을 들고
어느새 절반의 멍석을 넘고 있다

문어

수족관에 문어들이
줄기 잘린 미역귀처럼
웅크려 두리번거리고 있다
긴 발 뻗어 서로 밀고 당겨본다

삶이란 것이 견제의 연속

수족관에 갇힌 지 나흘
굶주림은 계속되고
머리마저 들 수 없는 나른한 오후
다리 하나 잘라 먹히고 말았다
이제 남아있는 다리 일곱과 몸통

힘의 고갈은 내 것이 내 것이 아니다

그대의 술상 안주 한 접시가 어쩌면
의미 있는 희생일지 모른다

겨울 산행

소복이 쌓인 눈
밟고파 산길을 걸었네

떠나버린 동행 그리워
가지마다 눈꽃 핀 길
정처 없이 걸었네

어이하리
잊으라 했는데
잊지 못하는 그리움

돌아온다는 먼 훗날
이미 타버린 가슴
어이하리

간밤 눈보라에

그대의 분신 같은

홍매화 피었네

혼자서

여름밤
콘크리트 벽 뜨거운 아파트
더운 열기가 머물다 마슬 간 사이
베란다 나만의 공간
언젠가 마시다 남은 위스키를 마신다

밤 깊어 문득 지난 세월
내게도 오소록한 마음 있어
아내의 늦은 귀가를 마음 졸이며
기다린 적 생각나는데

삼십 년도 넘게 살아오면서
이젠 관심마저 간섭이 되고
의미 잃은 동행이 되어버린
무디어진 관계가 되어가는 게 싫다

다툼이 남아 있었던 건
포기하지 않은
한 가닥의 바람이었는데
이젠 나도 지쳤는가
더는 타협마저 시도할 힘 없어
동반의 언덕을 내려가고 싶다

혼자서.

홍매

팔려간다는 전제하의 만남이었어
화원의 꽃들은 모두 아름다웠어

늘 그래왔듯이 오늘도
물을 주고 있었어
화원 깊숙한 곳 응접실 탁자
홍매가 활짝 피어 있었어
쏟아지는 눈독에 더욱 붉었어

가만있어도 소문이란 건 담장을 넘었어
육지에서 매파가 왔거든
시세에 동그라미 하나를 더 얹어 주겠대
홍매만은 팔지 않으리라는
순박한 초심마저 휘청거렸어

향기는 바람을 타고 담장을 넘지만

꽃은 사랑으로 피게 하거든
금년 홍매는 흐드러지게도 피었어

신구간에 가겟세가 이천이래
매파를 보냈던 도둑놈이 왔어
홍매는 아무리 봐도 명품이었어
잔머리로 계산은 끝나 보였어
도둑놈이 귀에 걸린 입을 봤거든
홍매는 두 장에 팔려갔어

텅 빈 탁자엔 홍매화 한 송이
봉투 옆에서 창밖을 보고 있었어
창밖엔,
비가 내리고 있었어

간이역

내 그대와
같이 있고 싶어
하필이면 들른 곳
간이역
아내와 아내에게 언니라는 여자
보리술을 마신다

만나서 당황했지
잘못한 것도 없는데
시간이 좀 늦었지
아내와 호박씨를 까는 여자
어찌 생각할까
세상이 요상타들 하니

그대 먼저 일어서고
나는 언니라 부르는 여자에게
해명의 술잔을 따르고

아내와 살아온 삼십 년 세월
아내가
손바닥 보듯
말없이 쳐다본다

97년 7월생 애마

고생과 즐거움을 함께한 오 년
다섯 살에 아픔을 안고 내게 와
치료하고 돌보며 달려온 게 오 년

넉 달 전 크게 아파 수술하고
이틀 만에 퇴원해 괜찮다 했는데
이번에는 혈액순환이 안 돼서
심장을 이식하고 바꿔야 한다네

치료해 봐야 안다는데 돈은 얼마나 들까
합병증으로 번지는 건 아닐까
이번에 수술하면 한 이 년 괜찮다는데
보증서 발급받는 것도 아니고 고민되네

아예

삼십만 원 쳐주겠다는 데 팔까

주차위반 딱지 값에 밀린 환경부담금 물면

팔만 원은 남겠네

이별

보고파 함께 했던 순간은 어제
현실은 먹빛 안개
어디로 가야 하나
삶이 연극이면 헤어짐도 연극
예약된 이별은 비가 되어 가슴을 적시네

떠나려 한다
아주 잊으려 한다
늙은 나무에 핀 꽃은
낙화되어 가슴 깊이 쌓여 가는데
핸드폰 목소리는 어느새 겨울로 가고 있네

그대 그리고 나
마주 앉아선 차마 서로 못 보고
허공에 멈춘 시선 초점을 잃어
연이어 담배만 한숨 섞어 타게 하네

황홀했던 봄날은 기억 속에 두자

훗날 떠나간 그대

꿈속 어디선들

행여 볼 수 있다면 놓았던 손잡아

가슴 깊이 쌓인 꽃을 주리라

흔적

떠나간 그대
잊으라 했는데
주변엔 온통 그대의 흔적뿐

섬에서 섬으로 우도 가는 길
소금내 나는 뙤약볕에 깨꽃 필 적
뒤돌아보며 발길 돌린 그대
꽃 지면 잊혀진다 했는데

어이하리
일출이 노을로 가는 불변은
꿈에서나 멈출까
들물은 어김없이 썰물로 가는데
상처로 남은 흔적
두고 간 그리움
어이하리

붓끝은 흔들리는데
지워야 하나
바람결에 꿈결에
잊으라는 소리
들을 수 있다면
모든 흔적 지우련만

지난 밤 꿈속
아픈 내게 찾아온 사랑
그대, 아니었는가

평행선

자기만의 방법으로
열심히 사는 여자였다
혼자서 술을 마신 지 몇 해던가
따로 한 세월 균열된 마음은
봉합의 시기마저 놓쳐

빗장은 더욱 견고해져
우리가 같이할 밤은 이미 죽은걸

언제였는지
서로가 서로에게 소홀해질 때
시작은 누구인가
셀 수 없는 다툼은 평행선을 그리고
허기를 면했다고 행복한 삶은 아닌걸
어찌하라고

주례 앞에서 네 하는 순간
주사위는 던져지고
동반의 여행에서 삶의 마지막 여분마저
서로에게 차압당한 줄
아마도
믿고 살아온 길이었겠지

일탈을 준비한다, 이제
동전의 양면처럼
포기했던 삶 속 한 올의 자존심은
오늘처럼 몸이 뜨겁고 바람 부는 날
더욱 꿈틀거린다.

건배하지 마라

덜 마실란다

많이 마신 자들 추하더라

이차는 안 할란다

나이 생각도 해야지

누가 상 주나

술에 웬수진 것도 아닌데

덜 마신 자 예쁘더라

술에는 정도가 없더라

알면서 마셨으니 그게 술이더라

곡차라 누가 그랬나

내장만 고생했다

속지 마라

그냥 덜 마실란다

마음

우리
불이었나
아니
폭풍이었나
상처받은 목소리
늙은 나무에 벼락이 친다
꽃 피는 시절
이제 시작인 줄
마음 놓은 게 착각인가
벌써 끝이었나
당신의 쓸쓸한 귀가
연삼로 길
꽃잎이 진다

술

취한 거지
만취할 수 있는 자격이 뭣이냐
취해도
시비가 없는 거라
추하지 않는 거라
어렵지
술은 위로 먹지
밑으로 먹는 게 아니지
변함없이 취한 날
아버지가 생각나네
한잔 올리고 싶은데 안 계시네
큰형은 외방가고
셋 형님하고 한 잔이 두 잔 되네
우리 아버지 곡주 좋아허고
우리 형님 한라산 좋아허고
나 분위기 좋아허고

섭한 거 술에 다 녹는다
이럴 수만 있다면
바랄 게
없다

껍질

청마가 앉아 있는 왼쪽에 당신에 앉아 있다
청마가 주군이던 시절, 무의식 속에 묵인되어버린 상황이라면
당신이 앉아 있는 오른쪽에 청마가 앉아 있다는 것
정승도 없고 주군도 없는 세상, 좌의정 당신이 정승이요 주군
이다
당신 앞에 사람들이 서 있다
늙은 아비와 늙은 어미, 아이들마저 당신 앞에 조아려 있다
어느새 익숙해진 모습으로 당신은 이야기하고
사람들은 받아 적고
당신이 소유한 열쇠, 사물함에는 당근과 채찍이 있어
청마도 당신께 공손할 수밖에
백주에 암탉이 울어 재낄망정 지당한 말씀입니다 하고
세월은 그렇게 흐르고, 해는 서산으로 기울어
무심결에 뒤돌아본 것이
불현듯
아주 작은 사소함으로 일탈을 생각하매

넝쿨에 멱살 잡혀 활처럼 휘어진 대나무에 붙어있는 껍질 같은 것이라도
뚝 하고 넝쿨이 끊어졌을 때 어디론가
튕겨 나갈 것이다
어디론가

역류성 식도염

어제까지 멀쩡했던 껍데기가 아무 예고도 없이 아프다 모가지도 아프고 등짝도 아프고 가슴은 답답한 것이 저리고 하필이면 토요일, 물 한 모금 넘기는데 모가지엔 전류가 흐르고 응급실은 가기 싫고 이 나이에 오두방정 떨 수도 없네 매실차나 한잔하고 월요일을 기다려 폐 검사하고 내시경 찍어 속을 들여다봐야겠네 머릿속은 온통 먹구름 감기도 안 걸리던 몸이 왜? 어제도 아니고 그저께 과음 좀 했기로서니 오늘에야 왜? 담뱃불 붙이는 손이 떨리네 감암? 폐암? 아님 식도암? TV를 너무 봤나 꼬리에 꼬리를 물어 놔주질 않네 괄괄했던 친구도 췌장암 선고받고 주변 정리한다는데 내게도 정리할 것이 있던가? 마당이 좋아 이사 온 막살이도 아내 이름으로 돼 있고 거들어봐야 표 안 나는 가게도 아내가 운영해 잠시 외출하듯 그냥 가면 될 것 같네 몇 푼 안 되는 내 빚이야 퇴직금이라 생각하고 갚아줄 것 같고 법정 스님 가듯 훌훌 털고 가면 되겠네 다 큰 아이들이 착해 아내는 잘 살 것 같네 실타래가 여기까지 미친 우울한 토요일, 저녁노을만 뒤돌아보며 쓸쓸히 타네

종합병원 소화기 내과

내시경 담당 여의사가 별것 아닌 얼굴로 처방전을 주네 역류성 식도염이 약간 있다고 말하는 작은 입, 왠지 별것 아닌 듯한 그 표정 그 얼굴이 천사처럼 곱네

빗물

마당에 둘레가 자 반인 단풍나무가 있다
굴뚝처럼 자라다 다섯 자쯤
팔뚝만 한 가지 셋이 석양을 등지고 역삼각으로 뻗어 있다
수많은 잔가지 거느리고
웃자란 가지들만 펑퍼짐하게 단장해
자 두께 단풍잎이 홍단이불처럼 펼쳐져 있다
다만
가지를 타고 내리던 빗물은 삼각의 중심에서 만나
순간을 머물다 흩어지는 기나긴 순간으로
한 뼘 나무웅덩이 만들고
떨어진 이파리와 쌓인 먼지를 적시고 있다
웅덩이를 어찌해야 하나
끈끈했던 당신과의 소원해진 관계처럼
아주 사소한 일로 곪아
깊어만 가는데
황토라도 메워야 할까

처방도 없이 실행은 하 세월 속에 머물고

계절이 바뀐 어느 초여름도 지난 이른 새벽

한참을 소식 전하던 까치 한 쌍이 목 축이고 가는데

그래도 눈부시게 푸른 청단이여

고인 빗물이여

금강 초롱꽃

차마, 못 쓰겠네
허우대 멀쩡하다고
나보고 글로 써 보라 하니 찔려서 못 쓰겠네

토란잎에 구르는 방울 같은 걸
진흙이 쏘아 올린 연꽃 같은 걸
아무도 가 닿지 않은 산골짝
금 간 바위
한 방울씩 떨어지는 수정 같은 걸

욕망과 집착, 다 비우지 못한
때 묻은 마음으로 어찌 쓰겠니
석 삼년 돈내코* 시린 물에 담갔다가
서너 번 패대기치면 행여 모를까

나보고 쓰라 하니, 하늘이 보고 있잖니
눈 감아 야옹 하고 어찌 쓰겠니
차마, 못 쓰겠네

돈내코: 서귀포시에 있는 물이 아주 차가운 계곡.

ᄌᆞᆫ듸영 보당

ᄌᆞᄆᆞ라 갈 때 ᄇᆞᄅᆞᆷ은 폭 자부난
문은 요나마나 허고
밤 지퍼도 더위는 ᄋᆞᆷ쪽도 안 허고
아맹해도 에어컨은 사삼직 헌디
사보젠 허난 ᄒᆞᆫ 스무날 넘도록
ᄎᆞᆷ우멍 더위 먹은 게 억울허고
집사ᄅᆞᆷ은 이녁도 더우난
ᄆᆞ심양 허랜 험주마는
올해랑 어떵어떵 ᄌᆞᆫ듸영 보당
맹년에나 사보젠 허는디
ᄌᆞᆷ자당도 두렁청허게 깨나져불고
ᄆᆞᆷ은 곰마바도 물 치데길 때만
ᄒᆞᄊᆞᆯ 싸ᄂᆞ룽 허고

아닌게 아니라 ᄒᆞ루가 천린게
경해도 언치냑은 ᄉᆞ망사 이러신디
밤새낭 비완게 마는
이제사
이 더위도 더사 ᄆᆞᆼ키진 못헐테주

낙엽

겨울 문턱
이별의 아쉬움에 뒤돌아보다
못다 한 말 있어
바람에 잠시 버티어 보다
시리어
손을 놓아야 했던 거다

마지막
그대 붙잡았던 마음
결국
싸락눈 한줄기에 지고 말았던 거다

그대 떠나버린 앙상한 숲새마다
그래도
여우별과 바람 그리움과 보낸 후회가
머물고 있는 거다

제 2 부

눈

아버지 눈, 감히
마주 봤던 기억은 없습니다
아버지 눈 크게 뜨시면
어머닌 침묵하여 부엌에서 훔치던 눈마저
아궁이 연기에 빨개진 눈인 줄 알았습니다
아버지 눈 보며 자란 내가
아이를 눈으로 키웠나 봅니다
아이가 내 눈을 피합니다
흐르는 세월,
삶의 무게는 아내 쪽으로 기울고
아내가 내 시선을 막아
아이가 또박또박 대꾸합니다
강산이 변하는 동안 눈은 추락했습니다
추락을 아내가 주워 담노라 숯검정이 되었습니다
숯검정 앞에 고개 숙인 눈이
멀뚱히 서 있습니다

희미해진다는 것은

평범한 일상을 보내며 뭍으로 간 얼굴 떠올려본다
막살이 하나 없이 손 벌릴 처지도 아니었다
자존심마저 흔들릴 때 뭍으로 떠나
모르는 사람들 틈에서 인연 만들며 살고 있을 사람

한때는 서로에게 의미 있는 날들이었다
가난했던 시절 그에게 줄 수 있는 건 오로지 절망이어서
쪽박은 깨지 말자 침묵하는 이
어느 포차에 앉아 한 잔의 술을 마신다

마리아가 보고 싶다고 내게 오시겠는가

비가 오기만을 기다리는 농부처럼
어제와 같은 오늘 보내며 언젠가는 찾아오리라 생각한다
강물이 흐르듯 날은 가고 뭇사람이 오고 가는데
오뉴월 깨꽃만 피었다 아주 사소한 일처럼 다시 진다

쇠비름처럼 매고 돌아서면 무성한 것이 그리움이라면
희미해진 사람
붐비는 주막, 탁주항아리 동이 났다고 잊혀질까
아주 하얗게 지우지 않는 한

화공

– 아버지에게 한 수 배우다

장작불로 콩을 삶던 가마솥, 보리쌀을 삶아 밥을 하던 큰 솥, 호박 갈치국, 생선 미역국, 무청 시래기국을 담당하던 중간 솥, 김치찌개, 뽀글뽀글 된장찌개, 온갖 찌개를 끓였던 작은 솥, 일렬 횡대 나란히 네 개의 솥이 점잖게 자기 몸통만 한 아궁이들을 깔고 앉아 있었다

비 그친 저녁, 내가 부엌에서 밥을 할 때가 있었다

어머니는 우물가에서 국거리며 반찬거리를 만들고 나는 조짚으로 불을 지피는데 마른 조짚은 이파리만 화르르 순간에 타 버리고 꺼진 줄기는 아무리 아궁이에 코 박고 후~ 불어도 매운 연기만 아니 됩니다 하고, 아궁이는 나더러 아직 멀었다 하고, 눈물로 아궁이와 씨름하고 있을 때, 말없이 건초 한 줌 들고 오신 아버지, 비켜보라 하시더니 턱 하니 방석을 깔고 앉으셨다

마른 풀 그 한 줌을 밑천으로 솥이 뜨거워지도록 조금씩 꺼진 줄기와 함께 태워 나가셨다 불꽃이 좋을 때는 딱딱한 밑을 집어넣고 불꽃이 약해지면 잘 타는 위쪽을 집어넣고, 화르르 타버리는 순간의 불꽃을 딱딱한 줄기를 태우는 데 사용하는 기술, 신비로운 건 어머니가 국거리며 찌갯거리를 솥에 넣자 화공은 큰 아궁이의 불꽃을 빌려 세 아궁이를 차분히 다스리는 것이었다.

꿈

새벽 다섯 시쯤 오줌보를 비우고 잠들었으니
밝아올 무렵이겠다
어릴 적 다녔던 밭길을 가는데
객지 사는 채형이 나를 부르는 것이었다
고향이 같을 뿐 얘기 한 번 나눈 적 없는 그 형이
말 열 마리를 팔아 달라 하는 것이었다
마리당 이백오십만 원, 괜찮은 가격이라
딸린 새끼 두 마리도 덤으로 주기로 했다
흥정은 팽팽한 오줌보를 비운 뒤라 시원했는데
흥정꾼이 정살낭* 같은 방목의 빗장을 빼는가 싶더니
반전 없는 드라마가 어디 있겠는가, 계약금으로
오백만 원 주고 나머지는 팔고 와서 준다는 말에
동네 사람들은 보증서랄까 시선 돌려 먼 산 보고
흥정꾼도 그 형 몰래 가위표 그려 무심결 거절한 것이
꿈엔들 미안한지 엎치락뒤치락하다 깨어났는데
목성 2차 아파트 304호 작은 방이었다

초등시절 한두 마리 키웠을 뿐
한 마리도 없는 놈이 팔자에 없는 마주라니
다만 내가 말띠라는 사실과 우연히 받은 선물이
카펫에 수놓아진 칸의 초상화, 바닥엔 깔지 못하고
벽을 장식한 것이 용처의 의미를 몰라
언젠가 울란바토르를 가고 싶었을 뿐인데
그 형은 하필이면 새벽녘에 와서 속상케 하고
생뚱맞게 마주가 되어 밴댕이 속만 보이게 했는지
말과 함께 살다가 생을 마감하는 칸의 후예처럼
드넓은 초원을 신나게 달려나 보고서 깨어나든지
채형, 간밤에는 격조隔阻했습니다
오늘밤 내게 또 오신다면 내가 없어도 빗장을 여세요
고향이 같다는 것이 보증서 아니겠습니까.

정살낭: 집 입구의 양쪽에 구멍을 뚫어 나무를 걸쳐 놓은 것. 제주 방언.

홍시

입춘의 길목
감나무는 아직도 허공에 끼니를 매달고 있다
뿌리는 홍시를 위해 마지막 붉은 피 수혈하고

풍경이 우는 새벽
달라이라마 후예들의 염불 소리는
설산에서 불어오는 바람과 탁발 가는 노스님의 맨발을 생
각게 한다

유독
엄동에 홍시가 말랑한 것은
흔들리는 가지에서 끼니를 해결하는 새들에 대한
측은함으로 인한 것

할머니는 여우볕에 홍시를 말리고 있다
부처님 오신 날 위해 하얗게 말리고 있다
까치밥 한두 개 떨어지자 강아지는 까치밥을 먹고
촉촉한 단맛에서 말랑말랑한 어미의 젖 떠올릴 때

머나먼 서쪽, 티벳에도 날은 밝아
누군가는 짐 실은 당나귀와 워낭소리 울리며 차마고도 그 길을
넘고 있다

ᄌᆞ돌아 점수다

요새 배려봅써
소문난 식당은 몬 ᄎᆞ자 댕기곡
호강에 버쳥
업떠지면 코댈디 욜로 요래도 차탕 댕기곡
서답은 세탁기가 해줘부난
오몽 안 허연 솔치는거 아니꽈,
솔 빼젠 허민 ᄎᆞ주멍 해삽주
엔간허민 욜로 저래랑 거령 댕기곡
사라봉도 올라 댕기곡
고사리 꺽그래도 댕기곡
경 햄시민 ᄌᆞᆫ둥이 솔은 지낭으로 홀락허게 빼짐네다
우엉에 새우리 간디도 풀이 덤방헌디
배리멍도 오몽은 안 허고
안 허민 누게가 헐껑고
돈 벌래 간 서방이 왕 헐껑가
아닌게 아니라 ᄌᆞ돌아 점수다

무지개의 뿔

무지개처럼
다양한 게 인생 아니겠나
빨간 인생도 있을 테고
파란 인생도 있을 테고
두루 여러 색깔 인생 있지 않겠나
오늘 후배님하고 한잔했는데
의미 있더라
먼저 살았다고 선배는 아니잖여
나중 난 뿔이 무섭더라
후배,
대단하더라

지게

우리 소낭 밭은 맹지 마씹
유근이 성님네 소낭밭 옴막헌 디로
도 터사 넘어 댕기곡
쇠막 고치젠 소낭 쫄랑 놔둔 것도
지게등짐으로 지엉 날르곡
소춘성 동짓덜 스무날 장개 가는디
도새기 솜젠, 장작 해논 것도
몬딱 지게로 지엉 날라수다
돌랭이밭 감저 갈민
감저 푸대도 지엉 날르곡
우리 어멍 메역 조물민
메역망사리도 지엉 날르곡

우리 할아방 소금가마니 지엉
정의 더레 폴래도 댕기곡
집집마다 지게 호나씩은 이서사 일허멍 살아수다
알동네 순데기, 홀어멍인디
지게,
누게가 멘드라 줘신고

현해탄을 건너간 사람

어머니 따라 사십 년 전에 떠나간 그대
꿈에 보인다는 것은
어디엔가 있다는 사실이었으면 하네

동경의 어느 공원에서나 오사카의 어느 거리
하얀 목련처럼 곱게 늙었을 그대,
옛 모습 그대로 꿈에서 보았네

그대에게서 온 편지는 주머니서
빨래와 젖어 물이 되어버렸네
잊혀진다는 것은 파편으로 각인되는 것
붉은 동백이 지듯
목련이라도 피었다 툭 떨어지면 번지 없는 그대
만날 수 있으리라 생각했네

꽤 멀리 왔네

뒤돌아보니 아득한데

귀밑거리 희끗한 어리석은 이,

옛 우체국을 찾아와 서성이는 것은

수취인불명 편지 속에 그대 이름 있길 바라는

파편 조각이라네

절망

절망이 문턱에서 망설이다
지나온 세월
떡국 한 그릇으로 쌓인 빈 그릇들을 쳐다본다
세월은 편서풍 따라 쉼 없이 흐르고
좌절은 절제 못 한 죄로 한 그릇 절망을 비워
돌아갈 시기마저 놓여버린 도래지 철새처럼
지친 얼굴로 시들어 가리라
꿈이어도
정녕 꿈이었어도
누구에게나 아름다웠던 시절은 있어
행여 하며 걸었던 길
노잣돈 떨어진 빈껍데기는
돌이킬 수 없는 상처만 남았다
상처의 틈은 후회한들 메워지겠는가

열매를 키웠던 잎들이 바람에 흩날리다
마지막 잎마저 떨어진 지금
빈 가지만 허공에 둔 채, 눈 속에 쌓여
찌그러진 영혼 삭히며 겨울을 나고 있다
봄이 오면
눈 녹는 소리로
봄이 오면
절망도, 창백한 몰골도
구름 사이 한 줄기 추락하는 햇살에
흙이 되리라

오천 원

뒤란에 현무암을 붙여 만든 작은 연못이 있었지요
부레옥잠을 키우고
비가 올 것 같은 장날
오천 원 주고 새끼금붕어 다섯 마리를 넣었지요
꼬리지느러미 흔들어도 길고양이 목 축이고
비는 오지 않아 부레옥잠은 돌 틈에서 헉헉거리고
내일이나 물지게를 질 생각이었지요

아침, 주변이 금빛으로 반짝거렸지요
젖어 있고, 기왓장 밑에서 두 마리만 오돌오들 떨고
겨드랑이 털이 지문처럼 떠 있어
알래스카 불곰의 연어 사냥으로 생각이 스치었지만
목격자는 없었지요

어항 구석,

치유가 되기까진 인내가 필요해요

마당이 있는 집으로 이사 와 연못 만들고

수련이랑 물양귀비에 부레옥잠을 띄워

금붕어 풀어 놓은 지 반 년

수련이 꽃송이를 쏘아 올린 눈부신 한낮

오글거리는 까만 새끼들을 보았지요

부레옥잠 아래서

동행

성 이시돌복지병원 호스피스 병동을 예약하고
수녀 간호사들의 수고를 염려하며
가기 싫다는 누님

꺼져가는 불씨처럼 남은 촛농을 태우고 있다
퉁퉁 부은 다리와 배는 수개월째 변화도 없다
통증을 십자가에 매달아 놓고
모르핀에 의지한 꿈결 고사리 밭을 걷고 있다

볕 좋은 사월, 오일장
휠체어 타서라도 가고 싶다는 누님
들뜬 모습에 가려진 배후가 더 짠하게 울컥거려
마지막이 될지 모르는 동행, 도우미 되어
사람들 스치며 입으로 경적 울리며 미로 같은 길 밀고 간다

노랗게 변해서 두리번거리는 두 눈
손지갑은 열려 있다
고무줄 몸빼바지를 오천 원 주고 산다
메이커 한 번 못 사본 누님이
등 굽은 할머니가 팔고 있는 나물을 산다
테레사 수녀의 주름진 얼굴들
비닐봉지가 휘청거리도록 원 없이 산다
살아있음을 확인하는 것처럼

꽃점을 지나며 꽃을 보다가
텃밭은 비어있는데 그만 가자 하는 누님
승용차에 누님을 기다리게 하고 상추 고추 모종을 산다
올여름 이 모종을 키워 삼겹살에 파티합시다
모종을 만져보는 누님의 야윈 손이
희다

밤고구마

구덩이 파서 묻어둔 것도 아닌데
파종한 지가 언젠데 벗들은 새순 키워 이 가을,
붉은 황토밭에서 영글어가는데
대형 냉장고 안에서 호시절만 기다리다
씨눈마저 오그라든 검버섯 필 적
화려한 포장박스에 2kg씩 담아 마트에 나왔네
9천 원,
농사꾼 손에는 얼마나 쥐어 줬을까?

장사꾼 손이 주판알을 튕기면
백화점에서 퇴짜 맞은 밤고구마가
비행기를 타고 팔자에 없는 여행도 하게 된다네
뚜껑에 얼비치는 검버섯
한 박스를 눈 크게 뜨고 흔들어 보며 샀네
집에 와서 보니 검버섯 핀 게 여섯 개 성한 게 여섯이네
아내가 오기 전에 손질해서 찜통에 올리고

냉장고에 넣고 있는 반,
핸드폰에서 아내가 걸어오네
시도 때도 없이 등이 가려운 여자가 걸어오네
닫혀있는 철문이 덜컹거린 것만 같아
찜통 속 아직 시린 옆구리 살짝 찔러보네
쪄진 고구마 쟁반에 두고 원두라도 내려놔야 한다네
갈색 원두커피 한 잔에 하얀 속살 밤고구마

익었는가
찜통에서
기차가 그냥 지나치려다 간이역에 잠시 서는 소리가 나네
덜컹 휴

야고보

팔 년의 냉담 끝에
교황의 방한을 빌미로 이른 아침
성당을 간다
새벽에 들어와 차 안에서 자고 있는 아들
언제나 사업상!
충혈된 눈에 찌든 술냄새
얼어 죽을 비즈니스
그 독한 술을 왜 먹는지 이기지도 못할
뭐라 한 마디 하려다 못 본체 돌아선
전혀 술을 못하는 아비가 이해 못 하는 물음 앓고
성당을 간다
수년간 기나긴 다툼에 지쳐도
손 놓아버리면 안 될 것 같은 집착도
가스통을 메고 계단 오를 때 휘청거림으로 무너져
그을린 얼굴 괭이 진 어깨 집착을 내려놓으러
성당을 간다

이제 더는

알아서 하겠지 망하든 흥하든

성모 마리아여

눈에 넣어도 안 아플 손자 손녀가 있습니다

염치 없는 야고보를 용서하여

불혹을 코앞에 둔

아들이 바르게 길 가도록

도와주소서

여자

폐경인 여자가 주기적으로 파도를 일으키네
파도에 밀려 남자가 떠내려가네
주말, 산은 온통 여자네 화장한 여자들이 지천이네
마당쇠 같은 남자 더러 있을 뿐
등산을 다녀온 여자는 촛불이 되네
권태로운 현실에 나부끼는 촛불
여자가 파도에 떠내려가는 남자를 외면하네
바람 앞에 등불이 밧줄을 들고 서 있네
빈 드럼통에서 젖은 낙엽을 태우던 남자가
핀잔에 얼굴 붉힐 때
고래고래 질러대는 소리만 담을 넘어가네
겁 먹은 강아지 꼬리 같은 메아리만 구멍 속으로 빨려드네
꼬여버린 세상,

드라마 속 여자들이 무섭네
아주 사소한 너울에도 으르렁거리며 착한 것들을 패대기치네
소크라테스의 여자 같은 여자들이 거리를 활보하네
삼삼오오 가게들을 점령하고 있네
여자,
아내인 줄 알았던 여자도 여자였네

술

여인의 손을 잡은 건
술이었다
파장 무렵 일행은 취한 순으로 흩어지고
딱 한 병,
주문은 내가 아닌 여인이
술이 비워지는 동안 빵은 튀겨지고
동의 아닌 동의, 끄덕인 죄
술이 술병을 들고
잔을 비우면 따르고 비우면 따르고
안주가 남아서 라는 이유로
또 한 병,
아마도 짐작은 그랬을 건데
애시당초 딱 한 병,

다짐이야 술병이 스러질 때 스러져
튀겨진 이야기만 꼬리를 물어 가물거릴 뿐
콩나물국 냄새가 우리 집 같은데
대리운전 하신 분 내 차는
어디에

국수

여름 어느 날 늦은 오후였습니다
삽 하나로 오름 하나를 개간하고 내려온 장정들이 모여
석 달 열흘 손발에 옹이 박히며 만든 밭에 무얼 심을까
소싸움마냥 머리 다섯이 이마를 맞대고 끙끙대고 있었습니다
무와 배추와 감자로 좁혀졌을 뿐
논쟁은 오뉴월 뙤약볕에 달궈진 돌멩이처럼 뜨겁기만 합니다
배추는 팔면 얼마 되고
무는 팔면 얼마 되고
감자는 얼마 되고
파종도 안 한 무와 배추는 이미 통장에 쌓여
경리까지 채용하고 있었습니다
마당에 깔린 멍석에는 누이가 국수 차리고
생가지 타는 모깃불이 저녁으로 가는 길목을
모락모락 피우는 순간입니다
오라버니들 국수 불어요, 국수 불어요, 소리가
이명처럼 웅웅거리자

첫 파종은 무로 정하세 찬성하는 사람 박수, 짝 짝 짝
손뼉 세 번 쳐서 뜨겁던 논쟁 해결하고
돌멩이도 소화시킬 장정 다섯은 국수 스무 그릇 다 비우고
트림 한 번 거하게 하고는 벌러덩 멍석에 누워 하늘을 보니
하늘에서 팔뚝만 한 무와 감자가 쏟아집니다

연삼로 벚꽃

솜사탕처럼 피었던 벚꽃이
채 열흘을 못 넘겨 금년을 마감하려 합니다
작년 이맘때도 바람 불어 연삼로 꽃잎이
함박눈 내리듯 바람에 날리었습니다
수많은 차들이 꽃잎 날리는 길을
꽃비 맞으며 달리었습니다
내일이면
꽃잎 바람에 날리리라 부풀었던 벚꽃이
간밤 내린 비에 젖은 꽃잎,
살짝 인도에 내려놓고는
약속한 날 오가는 사람들만
무심한 발자국을 깔린 꽃잎에 남깁니다
꽃잎이 바람에 날리기까지는
한겨울 눈비 찬바람 견딘 벚꽃이
봄 햇살에 터져 버린 꽃잎의 절정이
요동칠 순간에는

화창한 날씨와 펄럭이는 바람과
엇갈려 질주하는 차량의 간격마저 있어야
휘몰아치는 꽃잎의 춤사위를 보여 줍니다

지게

기대어 서 있는 것이었다
작은 것 하나 실어주어야만 하는
무엇을 싣든 거절 못 하는 놈이
시국에는 송장을 실어 나르고
오늘은 그놈 등짝에
할아버지 소금 싣고 산등성을 넘는 것이었다
산골에는 아낙들 있어
산디 서 말, 콩 두 말, 참깨 한 되, 조 두 말, 옥수수 두 망사리
소금자루가 바닥이 난 것이었다
혹시나 칡넝쿨 동여매고 일어서는데
그놈 따라 휘청거리는 것이었다
오뉴월 뙤약볕에 소금 만들던 고단함이야
그놈이 짓누르는 무게로 전달되지만
염전마을 가장이면 그땐 그럴 수밖에
할아버지 등짝에 괭이 진 흔적 지닌 채
먼 길 가신 후

기일 앞둔 읍내 장날이던가

아버지 철삿줄 동여맨 그놈 어긋난 등짝에

대갈통만 한 수박 두 덩어리에 제수 거리 지고 오는데

비라도 오려나

그놈의 어긋난 등짝이 삐걱거리는 것이었다

연동 260-42번지 (The 메밀촌)

허허벌판을 신도시 만든답시고 구획 정리해 놓고 관공서만 몇 군데 터파기하던 그 시절일 거야 어느 병원장님 조용한 데서 쉬고 싶다고 별장처럼 주택을 지을 때가, 그때 심었을 거야 이른 봄 하얀 꽃 흐드러지게 피는 사과나무, 오 년도 채 안 돼서 개발은 급물살을 탔을 거야 호텔이 세워지고 명월장이랑 향림장은 바로 옆에서 손님을 받고 코앞에 제일장까지 개업을 하자 견디지 못했을 거야 유흥은 흥청거리고 거리의 꽃들의 웃음소리가 골목을 메웠을 거야 주택은 헐값에 팔아 떠났을 거야 탑동에서 장사하던 분이 갈빗집을 한 거야 눈이 많이 내렸던 그해, 한겨울 칼바람 견딘 거야 흐드러지게 핀 사과 꽃이 동네방네 날린 거야 대추도 아닌 것이 방울토마토도 아닌 것이 탱글탱글 열린 거야 초여름 파랗던 열매가 가을이면 빨갛게 익어가는 거야 작지만 사과는 사과인 거야 사각거리는 하얀 속살에 새들도 들락날락 법석을 떠는 거야 그런데도 손님이 없는 건 누가 헛바람 든 거야 주인이 바뀌고 횟집으로 개업하면서 대박을 터트린 거야 애기 사과 다닥다닥 열리듯 손에 손잡고 몰려오는 거야 물차가 왔다 가고 생선들이 파닥거릴 때 바닷물이 넘치는 거야 사과나무를 적셔야 했던 거야 한쪽 가지가 서서히 시들어 가는 거야 점점 초라하게 꽃은 피고 손님은 줄어드는 거야 아니 뚝 끊긴 거야 팔려고 내놓은 거야 보러 오는 사람 더러 있을 뿐 주인양반 애가 타는 거야 그래도 인연은 있어, 값은 바닥에서 놀고 성벽 같은 돌담에 나무로 우거진 정원, 꺼벙한 양반이 덤빈 거야 그 양반 수술이 시작된 거야 울타리 옆 정자가 부서지고, 일꾼들 가위질은 인정사정없는 거야 이부가리 이발처럼 까까머리 만든 거야 을씨년스럽게 한 해가 흐른 거야 사과나무가 달라진 거야 흐드러지진 않았지만 분명 희망이 보이는 거야 사람들이 하나둘 찾아오는 거야 육해공이 다 되는 향토음식점 느낌이 좋은 거야 올봄 그렇게 흐드러지게 핀 사과 꽃을 본 적이 없는 거야 누가 뭐라고 해도 생은 희비 속에 돌아가는 바퀴 같은 거야.

적응

아내가

안방에서 자고 있다

나는

휴가 때나 쉬었다 가는

아들 방에서 언제부터인가 자고 있다

해와 달이 바뀌는 동안

아들 방은 내 방이 되어있다

취한 날도 틀림없이

아들 방에서 숨죽여 코를 골고 있었다

안방은 기척이 없다

다만 내 것이라곤

넥타이 몇 장 있을 뿐

내 옷은 아들 옷장에 걸려있다

이제 탈색된 넥타이 몇 장
그나마 챙기고 나면
떠나와 버린 옛집처럼
서서히 낯설어질 것이다

또 다른 풍경

이보오 당신

그대 지인이
에로스를 하든 아가페를 하든
그냥 놔두세요

천상병의 귀천처럼
잠시 소풍 나왔는데
그 안에 풍경이겠지요

만약
내가 당신이라면
그대가 아는 그 사람에게
부러운 박수를 치리다

행여

주인공이 당신이라면

또 다른 풍경을 그리세요

내 당신에게 존경의 눈길을

보내리다

애당초 흰 쌀밥은 먹는 게 아닌데

- 종달리

소금바치 그렇게 부르는 사람도 보지는 못했을 것이다 나 역시 할아버지가 등짐을 지고 소금 팔러 다녔다는 사실을 이야기로만 들었을 뿐, 그 옛날 이 바다 한 귀퉁이에서 염전을 일구었던 내 고향 사람들을 타지 사람들은 소금바치라 불렀다 그렇게 부를 적마다 우리처럼 눈을 흘겼을 아이들을 생각해 본다 한 세기가 지나는 동안 꼬리표 붙여 준 그 귀퉁이는 구워 먹던 청개와 염초만 자라고 조개 캐고 썰물에 길 잃은 고기 잡고 어머니 텃밭 같은 앞바다는 옹기종기 집들이 바다를 둘러싼 얼추 십만 평이다 관청이 수문 달고 뚝 쌓고 논농사 짓게 하다가 정부미 남아돌자 분양하라 하는 이 논은 그 바다를 메운 땅, 품팔아 자식 키우던 홀어멍들 중학교에 다니는 새끼들 도시락을 조밥이나 보리밥을 싸야 했는데 소금기로 큰 바람 불면 낭패보던 세 마지기가 육칠백 하니, 돈 없고 급전은 겁나 포기할 수밖에 쩐 있는 삼촌은 권리 빌려 여러 문서 가졌으니 입 다물지만 법 없이 살던 동네 삼촌들 원상복구 하라! 흔한 농성 한 번 못 해보고 동네 아이들 뭍에 나가 출세하기만을 기다리다 마을 출신이 높은 양반으로 있을 땐 이 날인가 저 날인가 처분만 기다리다 하 세월, 경관 좋다고 땅값은 치솟고 한 밤 자고 나면 외지인에게 앞바다는 팔려가고 땅주인은 더 높게 매립해 펜션을 짓겠다고 하니 막을 수도 없네, 육지 어느 곳은 다시 바다로 역간척도 했다는데 빌어먹을 쩐은 없고 애당초 흰 쌀밥은 먹는 게 아닌데 발만 동동 누구 하나 나서는 이 없는 고향

드라이브

삶을
운전할 수 있다면야
행복한 거래
몰라요
정말 모르니
네
삶,
고달픈 거래
맞지?
몰라요
성님은 아소?
아니 나도 몰라.

제 3 부

어머니 때문이다

포구엔 풍선과 통통배 한 척이 파도 소리에 삐거덕 푸~ 코를 골고 있다
통통배 선주인 아버지 텃밭 두문포
아버지는 종종 풍선을 부리는 사람들과 약주를 하고
자정이 넘도록 과음한 날이면
공동묘지 옆길 연기동산 넘어 두문포 선술집으로 찾아 나서야만 했다
전깃불도 없던 시절 머리카락 서는 그 길을
어머니는 어린 내 손을 잡고서라도 가야만 했다
습한 바람 소리, 누가 부르는 소리, 따라오는 발자국 소리, 아기 울음소리,
점점 빠르게 반복 되는 어머니의 뜻 모를 주문 소리,
어머니 걸음은 조금씩 빨라지고 아이는 뛰어간다
두문포 호야 등불만 깜빡거리는 선술집,
아버지는 약주 한잔 하고 초저녁에 올라갔다고 한다
후, 한숨 소리와 실루엣처럼 스친 어머니의 하얀 얼굴

이제는 돌아서서, 괴소문의 연기동산을 다시 넘어가야만 한다
왜, 그렇게 밤이면 무서움 타던 어머니가 아버지 찾아 나서야
만 했는지

동네에는 혼자 자식을 키우는 여인네들이 많았다
거친 풍랑에 뱃사람은 바다에서 뒤집혀 죽었다 하고,
산으로 끌려간 사람은 산에서 총 맞고 죽었다 하고,
힘든 밭일, 바닷일 누가 도와주지 않으면 스러질 여인들,
차마, 잠든 아이 두고 보따리 싸다가 풀어 야반도주 못 한 여인,
이 밤과 저 밤 사이 눈감아 옷고름 풀어야 했던 한 많은 여인들,
어머니는 각인되도록 무수히 보았으리라
아버지 왜정 때는 통통배 몰고 청진항을 다녀오고
4·3엔 저승 문턱도 다녀오고,
드라마 같은 삶 속에도 여인은 없었다

아버지의 그림자였던 내 어머니, 어린 내 손을 잡고라도 칠흑의 연기동산을 넘었기 때문이다.

세월호

세월
이름이 좋으면 무엇하나
악마에게 영혼을 맡겨 악마가 되어버린 이름
피지도 못한 너무나 많은 어린 꽃들을
맹골수로 그 차가운 바닷속으로 밀어 넣은 이름
영겁의 시간이 흐른다 해도 잊지 않으리라

기울어지는 배 안에 갇힌 어린 꽃들을
움직이지 말고 가만히 있으라 하고
제일 먼저 구조되는 어른들을 똑똑히 보았다
OECD 회원국
자랑스럽던 믿음이 추락하는 것을 태양도
중천으로 가는 백주대낮
두 눈 뜨고 바라봐야만 하는 개가 웃을 선진국
이것이 대한민국의 현실인가
도저히 부끄러워 고개 들 수가 없다

소중한 우리 아이들
금쪽같은 시간을 그냥 흘려버리게 하고
거꾸로 뒤집혀 침몰하는 그 순간에도
사랑하는 부모에게
마지막 카톡으로 남긴 글자
기다리라고 했어요
기다리라……

Background

딸이 쓰겠다 하여
아비의 유일한 공간마저 빼앗겼네
열 평 공간은 허물어지고
밀려난 아비가 콧등 칠하며 페인트칠 하네
땀 흘린 두 달여
공간이 수월찮게 돈 잡아먹더니 커피와 맥주를 파네

반찬값이라도 나와야 할 텐데
오지랖이 Background를 카페명으로 청해보네
간택은 안 되고
책상 들고 쫓겨난 아비
테라스 한 귀퉁이서 줄담배만 피고 있네

세상 모든 아비 마음이 배경이면
입 밖으로 뱉어낸 순간
배경은 배경이 아니네

빼앗긴 공간, 공간 주인은 딸이어서

보조를 자처한 아비여

한 잔의 커피와 한 잔의 맥주에 만족하거든

어떤 꼬부랑 이름 매달더라도

그냥 놔두시게

어느 손에 떠밀려

어딘가 간절히 타전할 소식 있어
고압이 흐르는 철탑 위에 까치가 집을 지었습니다
산과 강은 꿈속에 그대로인데
어느 손에 떠밀려 잊히기까지
반가운 손님은 오지 않았습니다

고향을 떠난
다스 켄트인 고려인처럼 동토에 버려진 절명은
허허벌판 황무지에 움막을 짓고
아이에게 젖을 물립니다

슬픈 새벽 길 잃은 까치가 또 울다 갈 때
산 넘어 바다 건너
희미해진 고향
길섶
그 미루나무만 아련합니다

고려인의 아이들이 이국의 언어로 말을 할 때
까치는 목 놓아 울지 않았습니다
이제
고려인의 고향은 다스 켄트입니다

도시의 고양이

카운터 천장에 바스락 스리가 조심스럽다
한 달 전부터 점점 크게 들린다
막대기로 천장을 툭 치니 조용하다
어두운 천장 엉킨 전선 사이 바스락
창밖은 칼바람 속 진눈깨비
늦가을 마당에 머물던 만삭고양이 안 보이더니
야윈 모습에 슬픈 표정으로 주방을 응시하고 있다
껌뻑이는 절박한 눈동자, 던져 준
생선 한 토막 물고 바람같이 사라진다
어미가 동냥 간 사이 천방지축 새끼들
감추지 못한 꼬리 점검구에 순간 스치고 말았다
손전등 빛에 떨고 있는 처음 본 얼굴들
빈틈은 철거한 환풍기 구멍이었다
봄은 멀어 추방의 비정함을 알기에
카드 체크기 소리에 예민한 침묵이 흐른다
시나브로 날은 가고

햇살 좋은 날 어미가 뒷마당에 새끼 세 마리 두고
어디론가 갔을 때 환풍기 구멍은 막아버렸다
이제, 돌아갈 천장은 없다
다시 찾아온 발정,
수컷들은 피하지 못할 끈질긴 밤을 알아
어미는 은밀한 터 찾아 후미진 공간 헤매리라
첫 밤을 라면상자에서 새끼들은 웅크려 자고
각인된 상처는
친할 수 있는 간격을 한 발로 정하였나 보다
오늘도 유월 수국 만개한 뒷마당에서
한 발의 간격 못 좁힌 채,
우리랑 산다

무궁화 꽃이 피겠습니까

무덥던 여름 논마지기 타들어가도
무궁화 꽃은 피었습니다

나랏일 하는 멀쩡한 사람들
구미호 수족이 되고
때려잡을 몸둥이는
똥밭에 있는데 어찌하면 좋겠습니까?

사방팔방 구린내
맨발에 줄줄이 묶어 아오지로 보내면 모를까

삭풍에 옆구리는 시리고
돌아눕는 절망만 촛불에 흔들립니다

공터마다 수많은 촛불이 하늘을 밝힙니다
닭 모가지 비튼다고 새벽이 오겠습니까?

금수강산 이 나라
무궁화 꽃이 피겠습니까?

종달 초등학교

시내에서 백오 리 동으로 가면
정거장 담 너머 보이는 초등학교
잔디를 깔아놓은 아담한 운동장에
여자 남자 아이 몇이 선생님하고
네 편 내 편도 없이 공을 좇아 이리저리 뛰고 있네
곱게 단장한 교실에선
여 선생님의 풍금소리 들리고
음악반 아이들인가
초록빛 바닷물에 두 손을 담그면~을
열심히 따라하고 있네
개교 이전부터 한 편에 자리한
팽나무는 몇 년을 살았는지 아는 이 없고
줄을 매어 그네 타던 동무들은
지금 어드메쯤서 무얼 하는지

한때는 사백 명 넘는 아이들 운동회가 열리면
온 마을이 일손을 놓는 잔치였는데
젊은 사람 도시로 떠나고 아이들 없으니
우리 학교는 장차 어이 될거나

그 해 겨울

다랑쉬 오름 움푹 패인 둘레
복수초 피던 날
한라산에 눈 내려
백록담이 하얗다

동복리 지나 종달리 해안 돌아
일출봉 가는 길
제주 바당은 울렁거리다가
거품 물고 뒤집히는 칼바람 불더니

시국에는
싸락눈이 사정도 모르고
뺨을 때리고
곶자왈 덤불 속에
머리 박고 숨어야 했던
꿩 한 쌍이 몇 날을 굶었는지

겨울 나뭇가지 같은 발로
두리번거리며 빈 밭을
헤집고 있다

그런 순간에도
선흘 동백동산에선
망나니 칼끝에 두두둑 툭툭

동백꽃 수십 송이
쉽게도 떨어지더니
홀어멍집 올래 개나리는 그래도
꽃을 피우려나
가지가 수줍게 흔들린다

사투

아버지 병환 위중
한 장 한 장 일력을 넘기며 장남을 기다린다
어창은 비어 있는데
으르렁대는 바다는 피항하라, 하고
앉지도 서지도 못해 바다만 바라보던 선장이
기관장에게 기관실을 사수하라 명령을 내렸다
선원들을 선실로 들여보내어 자물쇠를 채웠다
이미 저기압권, 태풍 중심 앞에 혼자다
파도가 뱃머리를 넘어 배가 물속으로 빨려들다
떠오르기 반복하는 이승과 저승 사이다
주문처럼 아버지를 부르는 아들이
칠흑의 바다에서 사투를 벌인 긴 시간 끝에
태풍의 중심을 빗겨 소문의 어장에 왔다
해적이 우글거리는 소말리아 해역
오름만 한 너울에 장대비는 쏟아지는데
어군탐지기만 참치의 흐름을 알려주고 있다

자물쇠를 풀자 사색이 된 선원들
누구를 원망한다는 것이 사치라는 걸 안다
선원들의 움직임은 빨라지고
소말리아 경비정과 해적들은 발 묶여있다
등댓불만 사선으로 어둠을 가를 뿐
소머리만 한 참치대갈통이 갈고리에 걸려
왕방울 눈깔을 껌뻑거린다
선장의 고함소리, 선원들의 패대기치는 소리
150킬로 대물의 붉은 피가
온몸을 적시고 더는 실을 곳 없는 만선의 순간
여명이 밝아오고 있다
물속으로 잠길 듯 갑판까지 가득 실은 배가
휘청거리며 소말리아 해역을 빠져나올 때
함홍준 선장, 젖은 파이프에 불붙이고
수평선 너머 태양이 떠오른다

오죽

1

골목 안 주차장 옆 음식점 울타리
오죽이 하늘로 활 당기며 새끼를 친다
해거리 없이 어떻게 살려는지
주인은 손님 없어 애가 타는데
마파람 타고 낭창낭창 춤추며 새끼를 친다
한량이다
허기진 배 아침이슬 한 모금으로 때우고
소맷자락 휘날리며 걸어간다
바람에 대금 소리 스치었을 뿐
헛기침 소리 하늘을 쓸고 있다

2

골목 안 확성기 소리에 은빛 비늘이 반짝인다
멜삽써~멜~
더러는 구워 먹고, 더러는 미끼로
볼락이나 고망우럭 낚을까
바닷가 사람들 썰물이면 해초들 사이 돌 틈에서
손바닥만 한 우럭도 낚았다
릴도 없이 대나무에 줄을 묶고
제수 거리도 낚았다
누군가 낫을 들고 동전만 한 실한 놈을 찾는다
아이고,
오죽이 낭창낭창 춤을 추며 새끼를 친다
한 치 앞을 모른 채

매연의 거리

차들이 꼬리를 물고
티코가 벤츠를 물고
코란도가 무쏘를 물고
물고, 물고 긴 줄
아나콘다가 꿈틀거리고
신호등 바뀌고, 몇 걸음
콧구멍은 짜증이 걸려 벌렁거리고
인도와 차도의 경계
눈이 내리면
앙상한 가지로 허공 쓸 느티나무가
닻 놓아 허공으로 투망하고
담배 꼬나문 아가씨
색안경 콧등 걸치고 꼬리만 쳐다본다

해 설

그의 투망에 걸린 것은 外物이 아니다.

송 상(시인)

부정일 시인이 시에 입덧하던 때를 지금도 아슴아슴하지만 기억한다. 그냥 시가 좋아서 습작한 시를 시평회에 던져놓고 보란 듯 덤비던 모습이 슬며시 미소를 짓게 한다. 회원들은 그의 시를 거침없이 난도질한다. 나중에는 십오행 정도였던 시가 단 한 줄로 줄여진다. 그러나 그는 다음번 시평회에도 똑같이 긴 행의 시를 내놓고 거침이 없이 시평을 받고 난도질당한다. 마치 자신의 시류가 정당성을 인정받을 때까지 해볼 것이라는 심사인 것 같았다. 그렇게 강단했던 습작 과정을 겪고 드디어 첫 시집《허공에 투망하다》를 선보였다.

1.

부정일 시인이 허공에 던진 투망에 걸려든 게 무엇일까? 미안하게도 잡힌 게 아무것도 없다. 물고기는 허공에 살지 않으며, 그렇다고 새를 잡기에는 투망의 길이가 너무 짧다. 그는 처음부터 외물(外物)을 포획하려는 의도가 아니다. 포획하려고 한 것은 외물의 내부에 숨어있는 정감이며 의미이다.

… 공사판 받침목으로 전전하던 그가
실직한 육신 공양으로
지친 노무의 언 손 녹이리라
…(중략)…
다비를 끝낸 하얀 재 속에는
아픈 상처 다 비우지 못해
구부러진 못 몇 개
사리처럼 남아 있으리라

- 〈폐목〉, 부분

공사판 폐목은 대부분 火木으로 전락한다. 쓸모가 없다고 여긴 나무(외물)가 마지막으로 정감(따스함)으로 사라진다. 사라진 나무의 잿더미 속에 사리처럼 못 몇 개가 반짝인다. 그것이 존재하는 모든 것의 일생이 아니냐고 슬며시 시인은 반문한다. 마치 루드비히 비트겐슈타인[Ludwig (Josef Johann) Wittgenstein]이 논리실증주의가 주장한 형이상학의 무가치성을 반박하듯이 우리의 운명, 존재의 의미, 삶의 의미, 사라져 가는 모든 것들의 의미에 대해서 사리처럼 남은 못 몇 개로 그 의미를 읊조리고 있다. 이런 의미 찾기는 그의 시집에서 상당수 엿볼 수 있다.

"한때는 서로에게 의미 있는 날들이었다…(중략)…하얗게 지우지 않는 한"(《희미해진다는 것은》), "그대의 술상 안주 한 접시가 어쩌면 의미 있는 희생일지 모른다."(《문어》) 등. 이러한 시적 관점은 시인이 줄곧 추구해온 삶 속에서의 의미를 찾아온 실존주의적 태도에서 비롯된 것으로 보인다.

2.

금강초롱꽃은 고산식물로 한국의 특산식물이다. 전 세계 2종이 있는데 모두 한국에 자생하는 한국고유종이다. 꽃말은 충실과 정의이다. 그의 性情과 똑 닮아 있다. 육십 초반 나이인데도 시에 대한 충실성과 삶에 대한 성실성이 누구보다 앞지른다.

차마, 못 쓰겠네
허우대 멀쩡하다고
나보고 글로 써보라 하니 찔려서 못 쓰겠네

토란잎에 구르는 방울 같은 걸
진흙이 쏘아 올린 연꽃 같은 걸
아무도 가 닿지 않은 산골짝
금 간 바위
한 방울씩 떨어지는 수정 같은 걸

욕망과 집착, 다 비우지 못한
때 묻은 마음으로 어찌 쓰겠니
석삼년 돈내코 시린 물에 담갔다가
서너 번 패대기치면 행여 모를까

나보고 쓰라 하니, 하늘이 보고 있잖니
눈 감아 야옹 하고 어찌 쓰겠니
차마, 못 쓰겠네

- 〈금강초롱꽃〉, 전문

시에 대한 시인의 뼈아픈 성찰이 얼마나 깊은가를 알 수 있다. 첫 행과 끝 행의 "차마, 못 쓰겠네"는 시에 대한 자신의 욕망이 반어적으로 드러난 부분이다. 그러한 반어적 드러남은 "석삼년 돈내코 시린 물에 담갔다가 서너 번 패대기치면"에서 볼 수 있듯이 시는 자신에 대한 가해 의식이 끝닿은 후 스스로 용서를 하지 않고는 제대로 숙성되지 않는다고 다그치고 있는 것이다. 그렇다고 그는 드러내서 말하지 않는다. 〈낙엽〉 시에서 "마지막/그대 붙잡았던 마음/결국/싸락눈 한줄기에 지고 말았던 거다//…여우별과 바람 그리움과 보낸 후회가/머물고 있는 거다"에서도 엿볼 수 있다.

그렇게 속앓이를 하면서 시인은 경계의 너머 어딘가에서 머물고 싶은 욕망을 숨기지 않는다.

… 꽃밭, 주막 다 들러 사십 계단 오르니
휘청, 약간은 숨이 차더라
뒤돌아보며 한 번쯤
앞에 간 자 뒷모습을 보며
오십계단 오르니 바람이 불더라

멀리

하얗게 출렁이는 억새 들녘 아스라이
그 너머 무엇이 있는지
어쩌면 붉은 노을 함께
그대,
그 너머에서 쉬고 있는지

- 〈그대 어느 계단쯤에서〉, 부분

그 너머는 상상의 곳이다. 마음이 일으켜 세운 피안이다. 돌아보니 억새처럼 머리카락이 허옇게 세었다. 붉은 노을 뒤에 어둠이 닥친다. 어둠은 모든 색깔을 흡수한다. 꽃밭도, 주막도, 뒷모습의 시인 연혁도 소멸된 곳이다. 그 길은 시간에 갇힌 존재자의 도정이다. 올라가면 내려오는 길이 없다. 그곳을 시인은 험난하게 모험을 한 것이다. 꽃밭이 그렇고, 주막이 그렇다.

도처에 널려있는 크레바스를 피하며 겨우 벼랑을 기어올랐는데 시인에게 놓여 있는 것은 예견된 시간의 한계에 자못 아쉬움을 드러내지만 어느덧 인생은 그런 것이라는 관조적 자세를 취하고 있다. 〈겨울 산행〉에서도 이와 같은 시인의 심사를 들여다 볼 수 있다.

"소복이 쌓인 눈/밟고파 산길을 걸었네//떠나버린 동행 그리워/가지마다 눈꽃 핀 길/정처 없이 걸었네…/돌아온다는

면 훗날/이미 타버린 가슴/어이하리", 결국 시인은 여태껏 도달한 발길에 치인 자신의 삶에 대한 회한과 아쉬움, 그리고 미래에 대한 불확실성을 시간의 흐름에 맡기다 보면 상상 속의 세계인 피안에 도달할 것이라는 어쩌면 삶의 낙관적 자세를 취하고 있는 것은 아닐는지.

3.

세상사 힘들지 않은 사람이 있을까. 잊고 싶은 이런 날, 시인보다 몇 갑절 힘들고 술 한잔 못 하는 그(그녀)가 만나자고 한다. 가오리무침을 시켜놓고 내 빈 잔을 채우고 자기 술잔에는 물을 따라 잔을 부딪는다. "분명/그의 술잔엔 삼다수가 영롱하게 찰랑거리고/내 술잔엔/힘든 세상사 모두 무지갯빛으로/녹아내리고 있었다 // 철썩 철썩 탑동엔/파도가 안개로/쉼없이 부서지고 있었다."(〈술잔〉 부분) 그날 이후 탑동 파도의 흔적이 끊임없이 시인의 흉곽에서 철썩거린다.

떠나간 그대
잊으라 했는데

주변엔 온통 그대의 흔적뿐

섬에서 섬으로 우도 가는 길
소금내 나는 뙤약볕에 깨꽃 필 적
뒤돌아보며 발길 돌린 그대
꽃 지면 잊혀진다 했는데

어이하리
일출이 노을로 가는 불변은
꿈에서나 멈출까
들물은 어김없이 썰물로 가는데
상처로 남은 흔적
두고 간 그리움
어이하리

붓끝은 흔들리는데
지워야 하나
바람결에 꿈결에
잊으라는 소리
들을 수 있다면

모든 흔적 지우련만

지난 밤 꿈속
아픈 내게 찾아온 사랑
그대, 아니었는가

- 〈흔적〉, 전문

흔적은 기억의 파편이다. 흔적은 실체가 사라져도 남아 있다. 궁서체 같은 첫사랑은 더할 나위 없이 또렷이 남는다. 하얀 깨꽃 길에서 발길 돌려 가버린 그(그녀), 꽃이 지면 잊겠지 했는데 꿈속까지 찾아온다. 아니, 시인이 그(그녀)를 꿈속으로 초대한 것이라 추량해도 괜찮다. 근원적으로 서정시는 진솔한 자기 고백을 창작동기로 삼는 경우가 많다. 그만큼 서정시는 시인의 경험 속에서 오랫동안 녹아 있는 기억의 칸이 필요하다. 그 기억의 칸에서 회환과 현실의 삶과 교접을 하면서 시인의 사유가 언어로 드러난다.

"보고파 함께 했던 순간은 어제/현실은 먹빛 안개…떠나려 한다/아주 잊으려 한다…핸드폰 목소리는 어느새 겨울로 가고 있네…황홀했던 봄날은 기억 속에 두자/훗날 떠나간 그대/꿈속 어디선들…"(〈이별〉 부분) 그런데 시인의 언어는 어찌 보면 꿈속에서 이루어질 수 있는 비밀을 내포하고 있다. 독자들은 이러한 시를 보면서 우유부단한 시인의 내면을 읽지만 아내는 그렇지 않다.

… 밤 깊어 문득 지난 세월
내게도 오소록한 마음 있어
아내의 늦은 귀가를 마음 졸이며
기다린 적 생각나는데

삼십 년도 넘게 살아오면서
이젠 관심마저 간섭이 되고
의미 잃은 동행이 되어버린
무디어진 관계 되어가는 게 싫다

다툼이 남아 있었던 건
포기하지 않은
한 가닥의 바람이었는데
이젠 나도 지쳤는가
더는 타협마저 시도할 힘 없어
동반의 언덕을 내려가고 싶다

- 〈혼자서〉, 부분

… 혼자서 술을 마신 지 몇 해던가
따로 한 세월 균열된 마음은
봉합의 시기마저 놓쳐

빗장은 더욱 견고해져
우리가 같이할 밤은 이미 죽은걸

… 일탈을 준비한다, 이제
동전의 양면처럼
… 더욱 꿈틀거린다.

- 〈평행선〉, 부분

상상력의 산물이지만 이러한 시를 읽는 아내가 남편의 사유의 세계와 삶에 염증을 느끼는 것은 당연하다. 그런데도 시인은 당면한 객관적 현실을 피하며 오히려 홀로 서는 방황을 종용한다. 엄한 현실을 방황으로 길을 뚫겠다는 내밀한 의지를 드러낸다. 그러나 이러한 시도는 시인이 서 있는 출구에서 한 발자국도 나서기가 어렵다. 그래도 시인은 이러한 사유와 행위를 습관적으로 반복한다. 시인은 그(그녀)와 같이 더 있고 싶어 들어선 술집 간이역, 하필 아내와 아내가 언니라고 부르는 친구 분이 술을 마시고 있다. 당황했다. 아내가 "먼저 일어서고/나는 언니라 부르는 여자에게/해명의 술잔을 따르고//아내와 살아온 삼십 년 세월/아내가/손바닥 보듯/말없이 쳐다본다" (<간이역> 부분) 그럼에도 불구하고 시인은 시적 방황이 있어야만 한 발자국 더 나갈 수 있다는 희망을 품고 산다. 그래서 시인은 무엇보다도 제가 시인임을 견뎌내야 하는 것이다.

기대어 서 있는 것이었다

…

혹시나 칡넝쿨 동여매고 일어서는데

그놈 따라 휘청거리는 것이었다

…

그놈이 짓누르는 무게로 전달되지만

…

비라도 오려나
그놈의 어긋난 등짝이 삐걱거리는 것이었다.

- 〈지게〉, 부분

시인이 그렇게 견뎌내며 찾은 外物이 〈지게〉 이다. 짐을 실은 지게는 홀로 서기 어렵다. 작대기가 있어야 설 수 있고 쉽게

등짐을 질 수 있다. 할아버지에게서 아버지로 승계된 지게는 삶의 계승이며 삶의 도구인 셈이다. 그래서 시인은 지게야말로 자신의 기운을 북돋아주고 아내와의 소통을 위한 단서라고 여긴다. 물론 삐걱거리는 일도 있겠지만 그건 문제가 아니다. 우리의 삶이 그런데.

허공에 투망한 시인은 아무것도 걸리지 않을 줄 알았는데, 걸린 게 있다. 外物이 아닌 內物이다. 심사(心事)이며 정동(情動)이다. 이런 정감의 시 속에서 시인은 늘 경계인이다. 도망가고 싶으면서도 현실에서 발을 떼지 못한다. 특히, 아내와 가족에 대한 성찰이 깊어서 더욱 그렇다.

그럼에도 부정일 시인은 고독의 고치 속에 들어앉고 싶어 한다. 고독이 마치 시의 근원인 양 그곳에서 무엇인가를 길어 올리려 한다. 그것이 자신의 삶을 통제하고 자신을 지치게 이끌고 다닐지라도 놓치려 하지 않는다. 마치 '굴메'처럼 떨쳐내고 싶어도 떨칠 수 없는 것이 시이며, 그것을 붙잡고 사는 것을 운명으로 여기며 살고 있다.